Au jardin

Es-tu une Coccinelle?

KINGFISHER
Kingfisher Publications Plc
New Penderel House
283-288 High Holborn
London WC1V 7HZ

Édition originale publiée par Kingfisher Publications Plc 2000
Copyright © Kingfisher Publications Plc 2000
Texte copyright © Judy Allen 2000
Copyright © 2001 Kingfisher pour la traduction française

La traduction française a été réalisée par
Frankland Publishing Services Ltd
Montage Thierry Blanc
Traduction Vanessa Kidd

ISBN 0 7534 2000 7

Conception éditoriale Katie Puckett
Conception artistique de la collection Jane Tassie

Imprimé à Singapour

Au jardin

Es-tu une Coccinelle?

Judy Allen et Tudor Humphries

KING*f*ISHER

Es-tu une coccinelle?

Si tu en es une, voici tes
parents en train
de manger des pucerons.

Lorsque ta mère
pond des œufs,
tu te trouves à
l'intérieur de
l'un d'eux.

Et tu y
grandis.

En grossissant, tu casses l'œuf
pour en sortir.

Tu as de nombreux frères et sœurs,
et tu n'as qu'à les regarder
pour t'apercevoir que vous ne
ressemblez pas du tout à vos parents.

En fait, vous n'avez rien d'une
coccinelle, ni sa forme ni sa couleur,

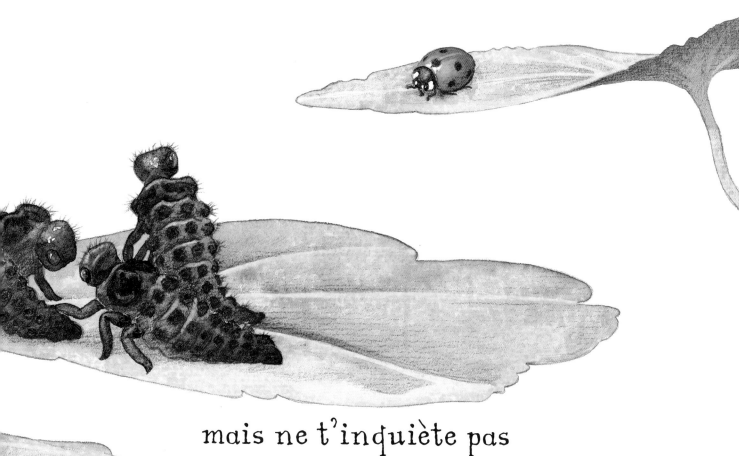

mais ne t'inquiète pas
et continue à manger.

Commence par manger
la coquille de ton œuf,

puis grignote quelques pucerons

savoureux.

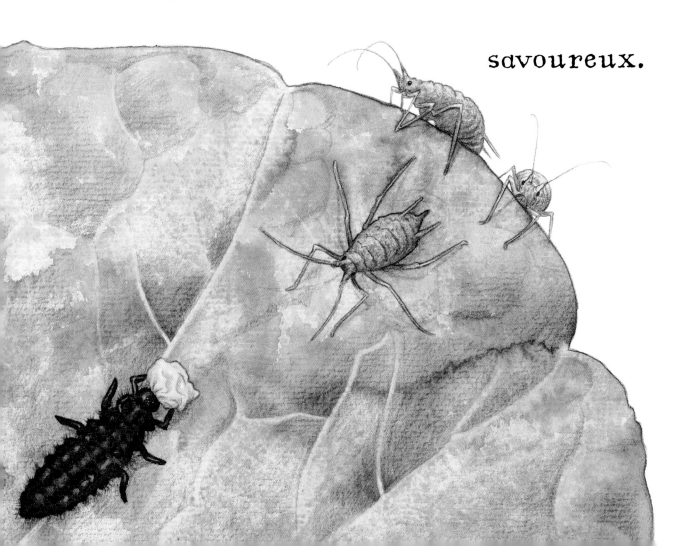

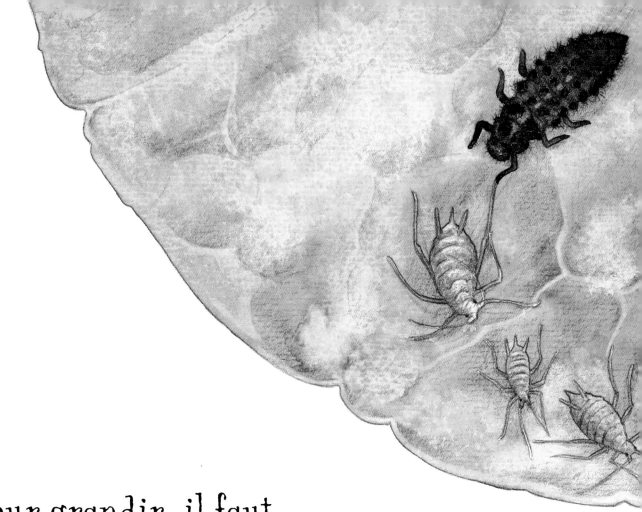

Pour grandir, il faut
en manger beaucoup.
Ils s'attrapent facilement,
et ils sont aussi très nourrissants.

En grandissant,
ta peau commence
à se tendre.

Pas de panique,

car, bientôt, elle se fendra en deux.

Débarrasse-toi vite

de cette vieille peau,

et continue à manger
des pucerons.

Pendant ta croissance, tu perds souvent ta vieille peau pour en retrouver une nouvelle dessous. On dit que tu mues.

Continue à manger des pucerons.

Un jour, tu te sentiras très fatigué.
Arrête de manger et enroule-toi comme ça.

Ta vieille peau se détache encore fois.
La nouvelle se durcit déjà.

Lorsque cette peau dure se séparera, tu t'en débarrasseras pour la dernière fois.

Maintenant, tu as la bonne forme, mais pas la bonne couleur. Tu es très pâle.

Attends...

... lentement,
lentement,
très lentement,
ta couleur fonce

et des points noirs apparaissent.

Félicitations!
Tu es devenue

une coccinelle...

... et tu peux **voler !**

21

Tous ces efforts
t'ont ouvert l'appétit...

... et de bons pucerons
feront parfaitement
l'affaire.

Par contre,
si tes parents
ressemblent

à ceci,

ou à cela,

ou encore à ceci,

alors, tu n'es pas
une coccinelle

mais...

... un enfant.

Ta peau ne muera pas en grandissant,

tu ne pourras pas voler

ni avoir de points rouges
ou noirs sur le dos.

Quel dommage! Et pourtant, tu peux faire beaucoup plus de choses que les coccinelles.

Mais, surtout, tu n'auras jamais, jamais, **jamais** à manger des pucerons.

Le savais-tu ?

La coccinelle femelle
peut manger environ
70 pucerons par
jour, mais le mâle, plus
petit, n'en mange que 40.

Il existe plus de 5 000 espèces de
coccinelles. Elles ne sont pas toutes
rouges à points noirs. Certaines
sont noires avec des points rouges...

... ou jaunes à points noirs, ou encore rouges à points jaunes ou noirs. Celles-ci ont 7 points, mais il existe aussi des coccinelles à 2 ou 5 points, ou même à 22 points jaunes et noirs.

Les coccinelles ne sont pas dangereuses pour l'homme – mais elle piquent. Les animaux et les oiseaux ne mangent pas les coccinelles car elles ont un très mauvais goût.